Annie Langlois

Victorine
et la balade
en voiture

Illustrations
de Steve Beshwaty

la courte échelle

De la même auteure, à la courte échelle

Collection Albums
Victorine et la pièce d'or

Collection Mon Roman
Victorine et la liste d'épicerie

Collection Premier Roman
Série Florent et Florence :
L'évasion d'Alfred le dindon
La chorale des sept petits cochons

Annie Langlois

Du plus loin qu'elle se souvienne, Annie Langlois a toujours été passionnée par les livres. Elle a étudié en littérature et termine présentement un doctorat à l'université Sorbonne Nouvelle, en France. Annie a été libraire pendant plusieurs années et aussi chargée de cours à l'université. Aujourd'hui, elle est directrice littéraire et artistique aux éditions de la courte échelle. En plus d'être l'auteure de la série Florent et Florence, publiée dans la collection Premier Roman, elle écrit les aventures de la petite Victorine, que l'on retrouve dans les collections Albums et Mon Roman.

Steve Beshwaty

Né à Montréal, Steve Beshwaty a étudié en graphisme. Depuis, on a pu voir ses illustrations dans différents magazines et sur des affiches. Il illustre aussi des livres pour les jeunes et il adore ça. Steve Beshwaty aime beaucoup la musique, les marionnettes et le cinéma, et aussi les animaux, mais surtout les chats.

Annie Langlois

Victorine
et la balade
en voiture

Illustrations
de Steve Beshwaty

Les éditions de la courte échelle inc.
5243, boul. Saint-Laurent
Montréal (Québec) H2T 1S4

Directrice de collection :
Annie Langlois

Révision :
Sophie Sainte-Marie

Conception graphique :
Elastik

Mise en pages :
Sara Dagenais

Dépôt légal, 2e trimestre 2006
Bibliothèque nationale du Québec

Copyright © 2006 Les éditions de la courte échelle inc.

La courte échelle reconnaît l'aide financière du gouvernement du Canada par l'entremise du Programme d'aide au développement de l'industrie de l'édition pour ses activités d'édition. La courte échelle est aussi inscrite au programme de subvention globale du Conseil des Arts du Canada et reçoit l'appui du gouvernement du Québec par l'intermédiaire de la SODEC.

La courte échelle bénéficie également du Programme de crédit d'impôt pour l'édition de livres — Gestion SODEC — du gouvernement du Québec.

Catalogage avant publication de Bibliothèque et Archives Canada

Langlois, Annie

   Victorine et la balade en voiture

   (Mon Roman ; MR25)

   ISBN 2-89021-786-8

   I. Beshwaty, Steve. II. Titre. III. Collection.

PS8573.A564V53 2006   jC843'.6   C2005-942238-6
PS9573.A564V53 2006

Imprimé au Canada

À Joey, mon p'tit poulet adoré,
un expert des interminables
balades en voiture!
Bisous.

1

Le grand départ

Tous les étés de sa vie, de sa naissance jusqu'à aujourd'hui, c'est la même routine pour Victorine. Dès qu'arrive le beau temps, sa mamie l'invite dans sa petite maison.

Victorine n'a aucune hésitation. Elle répond «oui!» Oui, car chez sa mamie, c'est vraiment la belle vie. Elle habite à la campagne. Dehors, il y a un immense jardin, une forêt, un ruisseau et plein d'animaux.

Mais la campagne, c'est loin, tellement loin ! Pour y accéder, on doit sortir de la ville, suivre la grande route.

Il faut rouler, rouler et rouler encore jusqu'aux montagnes, jusqu'à la forêt, jusqu'à la maison jaune. Ça prend des milliards d'heures, et Victorine n'aime pas les balades en voiture. Oh non !

— Allez, hop ! ma Vivi ! lance Édouard d'un ton animé. Prépare ton sac, fais ton lit. C'est aujourd'hui qu'on part chez mamie.

Le père de Victorine, lui, adore les longues balades. Il ne rate pas une occasion de s'installer derrière le volant. Il ajuste le volume de la radio, puis il chante à s'en percer les tympans ! Sur la route, ça c'est sûr, Édouard est fier comme un paon !

— Plus vite, jeune fille ! Ta mère et moi t'attendons dans la voiture !

Victorine soupire et ouvre son sac.

Elle y jette rapidement quelques vête-
ments, sa brosse à dents, des joujoux.
Mais surtout, oui, surtout, elle apporte
son ami Grelot.

— Heureusement que tu seras du
trajet, Grelot ! Avec un peu de chance,
on s'amusera peut-être…

Gling ! Gling ! Gling !

— Oh ! pour cela, madame Victo-
rine, je vous fais confiance ! Il est clair
que je ne m'ennuie jamais en votre com-
pagnie !

Grelot est un oiseau en peluche qui
tinte comme une clochette quand on le
secoue. Même s'il est tout défraîchi, il est
de loin l'ami préféré de Victorine. La
fillette donne un gros câlin à son oiseau
avant de crier :

— Papa ! Maman ! Je suis prête !

Et Victorine descend l'escalier à la
vitesse grand V.

2

C'est encore loin ?

Pour sortir de la ville, c'est la galère. Il y a des travaux sur la route, partout en avant, partout en arrière. De gros camions et des files de voitures s'étendent jusqu'à l'horizon.

— Zut ! s'exclame Édouard. J'aurais dû choisir un autre chemin !

La voiture avance de quelques centimètres, puis s'arrête. Elle avance, puis s'arrête.

Le manège dure de longues minutes. Le tintement de Grelot change de tonalité. Il passe du gling, gling! au gloung, gloung! L'oiseau n'a vraiment pas l'air dans son assiette.

— Ça va, mon oisillon adoré? s'inquiète la fillette.

— À dire vrai, répond-il misérable, je me sens nauséeux, madame Victorine.

Grelot est plus vert que vert. La fillette offre un peu d'eau à son oiseau et s'exclame, catastrophée:

— Papa, tu dois nous tirer de ce pétrin. Grelot a la nausée!

Les parents se regardent avec un air amusé.

— Tiens, tiens, les peluches ont des malaises, maintenant? demande la maman de Victorine.

— Donne-lui un sac, ajoute son père, je ne voudrais pas qu'il salisse la banquette.

Édouard et Marie répriment un fou rire. Victorine est vexée. Ses parents ne la prennent jamais au sérieux. C'est très agaçant !

Gloung ! Gloung ! Gloung !

Pauvre Grelot ! Il ne va pas mieux. La fillette décide qu'il doit s'aérer un peu. Elle abaisse la vitre et sort la tête de son moineau.

Au même malheureux instant, un immense nuage de saleté est projeté sur la voiture. Un camion déverse son chargement. Grelot est tout empoussiéré.

— Ah ! le vilain camion, lance Victorine qui secoue, tapote et tente de dépoussiérer son oiseau.

— Doucement, madame Victorine, vous oubliez que j'ai la nausée.

Grelot hoquette maintenant sans arrêt. Victorine en a assez de voir souffrir son oisillon. Elle prend donc les grands moyens. Elle s'approche de la

fenêtre et s'adresse aux travailleurs du chantier en criant de toutes ses forces :

— Mon ami Grelot ne se sent pas bien. Pourriez-vous dégager la voie, messieurs ?

Les hommes se regardent, surpris, puis ils haussent les épaules. Rien de rien. Victorine se sent impuissante. Personne ne la traite avec sérieux aujourd'hui. Elle décide de bouder un peu.

Et comme par magie, c'est à ce moment que la voie se dégage. Les voitures avancent de nouveau.

— Enfin ! soupire Marie. Ce n'est pas trop tôt !

— Ça ira mieux à présent, mon Grelot.

Un courant d'air entre dans la voiture. Grelot inspire un grand coup. La catastrophe est évitée, mais la balade est loin d'être terminée.

3

Vos papiers, s'il vous plaît !

Depuis que la voie est dégagée, Édouard s'emballe et roule à fond de train. Marie essaie de le raisonner.

— Édouard, mon chéri, tu devrais ralentir un brin…

Rien à faire. Le père de Victorine est occupé à s'égosiller sur les airs à la mode.

— Oh non ! murmure Victorine à l'oreille de sa peluche.

Victorine déteste quand son père se met à chanter. Elle cherche dans son sac un remède à ce malheur. Car Victorine est une fillette prévoyante ! Mais aussi très impatiente…

— Où sont-ils ? murmure-t-elle.

— Que cherchez-vous ainsi, madame Victorine ? demande Grelot qui a troqué son teint vert pour un teint clair.

— Des bouchons, mon oisillon ! Pour mes pauvres oreilles !

— Des bouchons ? Ah bon ! Moi, j'aime bien les mélopées de votre père. Il me vient l'envie de me joindre à lui !

Et là, ça bascule. Grelot forme un effroyable duo avec Édouard. Victorine redouble de vigueur dans sa fouille. Quand elle trouve finalement les bouchons, elle les introduit dans ses oreilles et soupire de contentement. Enfin la paix.

Tout devient étrange autour de la

fillette. Comme dans un rêve. Ça bouge, ça parle et ça chante en silence. Victorine adore cette sensation. Elle ouvre son cahier à colorier et décide de s'affairer.

Quand elle relève les yeux, Victorine remarque que quelque chose ne tourne pas rond. Ses parents ont un regard paniqué.

Grelot, lui, commence à s'agiter en battant frénétiquement ses petits bras ailés. Il s'adresse à elle, mais Victorine n'entend rien.

Soudain, elle aperçoit les gyrophares et elle comprend. Son père est poursuivi par un policier. Victorine retire vite ses bouchons. Enfin de l'action!

Gling! Gling!

— Madame Victorine, madame Victorine! C'est une catastrophe. Les gendarmes sont à nos trousses! Nous irons en prison! C'en est fini de nous!

— Arrête-toi, Édouard, s'écrie Marie en furie.

— C'est ce que j'essaie de faire. As-tu vu la circulation ?

Enfin, Édouard parvient à s'immobiliser sur le côté. Il est nerveux, mais, surtout, il a l'air très vexé.

— Ça t'apprendra ! marmonne Marie.

Le policier sort de sa voiture. Il a l'air plutôt sérieux. Il vérifie les papiers d'Édouard et retourne à son véhicule pour préparer la contravention.

Dans la voiture, ce n'est pas la joie. Édouard boude, Marie boude et Victorine tente de calmer Grelot. Lorsque le policier revient, personne n'ose parler.

— L'autoroute n'est pas une piste de course, monsieur. Soyez vigilant, dorénavant.

Édouard baisse les yeux, puis il les écarquille en découvrant le montant inscrit sur la contravention.

Même si ce n'est pas le moment de rigoler, Victorine trouve ce revirement très intéressant. Pour une fois, les rôles sont inversés. C'est au tour d'Édouard de se faire gronder.

4

Un oiseau
à la mer !

L'ambiance est très lourde dans la voiture. Édouard ne chantonne plus.

Victorine tente d'alléger l'atmosphère.

— Papa, Grelot dit que tu chantes très bien.

— Victorine, cesse tes balivernes !

Édouard ne se laisse pas amadouer. Pendant que Victorine boude elle aussi, Grelot, lui, se trémousse.

— Qu'est-ce que tu as, mon petit oiseau ?

Grelot rougit :

— Je suis embarrassée, madame Victorine… C'est que j'aurais grand besoin de me soulager.

Zut alors ! Victorine sait que ce n'est pas le moment de déranger son père. Surtout pas pour Grelot. Soudain, un voyant lumineux apparaît sur le tableau de bord et sauve la situation.

— Papa ! Il faut faire le plein d'essence ! s'exclame Victorine.

— Oh là là ! bougonne Édouard, on n'arrivera jamais chez Mamie à ce rythme-là !

Les voyageurs s'arrêtent à une station-service. Victorine se dirige vers le caissier, Grelot sur ses talons.

— Bonjour, monsieur, est-ce que je pourrais avoir la clé des cabinets, s'il vous plaît ?

— Certainement, c'est demandé si gentiment, répond-il en lui tendant un énorme porte-clés.

Grelot tire sur la jupe de la fillette en chuchotant:

— Désolé de vous presser, madame Victorine, mais je crains de m'échapper!

C'est au pas de course que les amis se dirigent vers les toilettes. Malheureusement, la clé est très usée. Victorine n'arrive pas à tourner la poignée.

— Ça ne fonctionne pas, Grelot.

— Essayez ceci, madame Victorine: «tire la chevillette, la bobinette cherra.» Il me semble avoir déjà lu ça quelque part...

Sur ces paroles magiques, la porte s'ouvre d'un coup. Victorine tombe et se retrouve le nez au sol. Perdant tous ses moyens, Grelot piétine sa copine pour se rendre jusqu'à la cuvette.

— Ne me regardez pas, madame Victorine, c'est déjà suffisamment humiliant.

La fillette se relève en prenant soin de regarder du côté opposé. Elle attend de longues minutes en fixant le mur.

— Ça y est, madame Victorine, c'est terminé.

En disant ces mots, Grelot actionne la chasse d'eau. La manette semble aussi résistante que la poignée de la porte. Il y met tout son poids pour parvenir à son but quand, soudain, l'eau commence à tourbillonner. Grelot glisse au même moment dans la cuvette.

— À l'aide ! À moi ! Au secours !

Heureusement que Victorine a d'excellents réflexes. Elle se jette sur son oiseau et le tire de toutes ses forces. POUF ! Ils se retrouvent une fois de plus étalés sur le plancher. Grelot est trempé.

— Oh ! regardez cet air misérable,

madame Victorine. Je ne suis pas présentable !

Victorine ne peut résister à une terrible envie de rigoler. Grelot a les plumes pendantes et il laisse de grosses traînées d'eau derrière lui. Quand il marche, ses pas font flouch, flouch, flouch !

— Ce fou rire n'est pas très charitable, madame Victorine.

La fillette tente de retrouver son sérieux et se dirige vers la voiture. Son père a déjà terminé sa transaction, il l'attend avec impatience.

— Oh là là ! s'exclame Marie en voyant la peluche mouillée.

— Qu'est-ce que tu as encore fait, Victorine ? demande Édouard, mécontent. Ton oiseau mouillé va salir ma banquette !

Cette fois, c'en est trop. Victorine se fâche.

— Ce n'est quand même pas ma faute si Grelot est tombé dans la cuvette !

Les parents de Victorine sont décou-
ragés.

— Monte vite, ordonne son père. Et
maintenant, plus aucun arrêt jusque chez
Mamie, c'est compris?

— Oui, oui! répond la petite com-
pagnie.

5

La peluche volante

La voiture file à une vitesse agréable sur la petite route de campagne. Édouard s'est remis à chantonner. La maman de Victorine, elle, fait des mots croisés. Quant au pauvre Grelot, il est pitoyable dans sa grande humidité.

— Que dirais-tu d'un séchage rapide, mon Grelot? propose Victorine.

— Je serais tout revigoré, madame Victorine. Je préfère de loin avoir la plume propre et sèche.

— Alors je m'en occupe ! lance-t-elle, sûre d'elle.

Victorine sort la corde à danser de son sac et attache solidement les pattes de sa peluche.

Gling ! Gling !...

— J'ai un mauvais pressentiment, madame Victorine.

— Ne crains rien, Grelot, j'ai une idée géniale.

La fillette tient fermement la corde et sort Grelot par la vitre baissée. Sous l'effet du vent, Grelot flotte dans les airs à côté de la voiture. Peu à peu, il se calme et prend plaisir à être ainsi transporté.

— Regardez, madame Victorine. Je vole !

Gling ! Gling ! Gling !

Victorine est ravie. Il est beau, son oiseau, quand il est joyeux. Édouard observe son manège par le rétroviseur.

— Dis donc, ma Vivi, c'est qu'il vole, ton moineau déplumé !

Victorine est plutôt fière de son coup. Édouard lui envoie des regards de papa doux. La fillette a envie de l'impressionner.

— Tu n'as pas tout vu, papa. Grelot peut faire des acrobaties !

Et, d'un coup, elle donne un peu de lest à la corde qu'elle resserre aussitôt. Une fois, deux fois… six fois. Abracadabra !

— Vas-y doucement, ma chérie, prévient sa mère. Il ne faudrait pas qu'il arrive malheur à ta peluche.

Grelot n'a jamais été si content. Il s'amuse et cabriole. Il goûte à la véritable vie d'oiseau ! Il tinte de façon hystérique.

Glingaglingaglingagling !

Pendant que Victorine laisse aller Grelot à ses folies, un énorme camion s'approche en sens inverse. L'oiseau calcule que la route est trop étroite pour lui et ce poids lourd. Il panique.

— À l'aide ! À moi ! Au secours !

— Zut ! s'écrie Victorine.

Et zing ! Elle tire sur la corde d'un coup sec. L'oiseau est étourdi. Il n'a plus le contrôle sur son vol. Il ballotte dans les airs d'une manière peu gracieuse.

Ce qui ne devait pas se produire se déroule sous les yeux de Victorine. La corde se dénoue. Grelot, à demi inconscient, est emporté par le vent.

— PAPA ! hurle Victorine. Grelot est tombé !

— On est bons pour un autre arrêt, lance Marie en soupirant.

Édouard gare la voiture au bord du petit chemin. Victorine s'élance aussitôt dans le fossé à la recherche de son précieux ami.

— Grelot, mon tout beau ! Où es-tu ?

Gling…

— Tu es là, mon pauvre petit moineau !

Le joujou adoré de Victorine a l'air terriblement amoché. Par chance, les herbes hautes ont amorti sa chute. Son plumage est rempli de fleurs des champs, de brins d'herbe et de terre. Mais Grelot n'a rien de cassé.

Victorine soulève tendrement son compagnon et le ramène dans la voiture sous le regard impatient de son père.

— Et maintenant, plus aucun arrêt jusqu'à ce qu'on arrive chez mamie. C'est compris, ma Vivi ?

— Oui, papounet chéri !

Et les voici repartis.

6

Les gros, gros légumes

Victorine et Grelot observent le paysage qui défile devant eux. C'est assez joli et, surtout, on commence à apercevoir les montagnes à l'horizon.

— On approche, mon Grelot !

Soudain, un son étrange parvient aux oreilles de Victorine. Quelque chose qui ressemble au tonnerre ou au roulis d'une machine à laver.

— Qu'est-ce que c'est que ça ?

demande Victorine. Entends-tu, Grelot ?

— Hum… je suis confus, madame Victorine. C'est mon estomac qui crie famine.

Victorine lève les yeux au ciel. Il n'y a rien à grignoter dans la voiture. Elle comprend qu'elle devra demander à son père de faire un nouvel arrêt.

— Papa, Grelot a vraiment très, très faim.

— Victorine… commence Édouard d'un ton qui n'annonce rien de bon.

La mère de Victorine saute sur l'occasion.

— Arrêtons-nous chez le marchand de fruits et légumes !

Marie est sans contredit la maman la plus gourmande du monde. Elle adore inventer des recettes colorées. Édouard n'a pas le choix, il doit baisser les bras. Il se stationne dès qu'il croise un maraîcher.

Victorine et Grelot sont heureux de se dégourdir les pattes. Ils jouent à la cachette derrière les étalages de fruits et légumes.

Grelot excelle à ce jeu. Il parvient à se camoufler dans les laitues, derrière les tomates et même entre les pastèques. Pour Victorine, c'est beaucoup moins facile.

Marie parcourt les allées et remplit son panier de victuailles. Elle est aux anges !

— J'espère que ton Grelot aime la compote de petits fruits, ma chérie.

— Oh oui ! répond Victorine en se léchant les babines. Et moi aussi !

Lorsque Marie, Victorine et Grelot retournent à la voiture, ils découvrent Édouard endormi. Il ne chante plus, mais il ronfle à gorge déployée.

— Papounet paresseux… murmure Victorine, réveille-toi ! Il faut repartir si on veut arriver chez Mamie avant minuit.

Édouard s'étire, puis il regarde l'heure.

— Oh là là ! les filles, s'étonne-t-il, vous en avez mis, du temps !

Marie lui donne un baiser bruyant, puis elle tend un petit pot à Victorine.

— Cette purée m'a l'air délicieuse, madame Victorine !

Gling ! Gling ! Gling !

Les deux amis se partagent la collation avec appétit. Édouard, lui, se concentre sur la route qui devient de plus en plus étroite et cahoteuse.

Quand apparaissent les chemins de terre, ça signifie qu'on approche de chez Mamie. Victorine est très excitée.

— Vas-y doucement, Édouard, suggère Marie. La route est pleine de trous et de gros cailloux.

Mais Édouard a la tête dure. Encore plus dure que celle de Victorine. Il ne ralentit pas et, dans une courbe, il percute un trou énorme. Tous les passagers de la voiture sont projetés dans les airs. Victorine renverse la compote de fruits sur son meilleur ami.

— Oh! je suis désolée, Grelot!

— Me revoilà dans un piteux état, madame Victorine…

La fillette se retient de dire que les petits fruits ajoutent de la couleur à son plumage. Grelot n'a pas l'air très content.

Édouard émet un grognement.

— Nom de nom! s'écrie-t-il, on a une crevaison!

Édouard sort pour changer le pneu. Pendant ce temps, Victorine éponge son moineau gluant. Elle commence à croire que son père n'exagérait pas quand il disait qu'ils n'arriveraient jamais chez Mamie.

7

Non, mais, pauvre Grelot !

C'est au milieu de l'après-midi, après une éternité, que la famille arrive à la maison jaune de Mamie.

— Je commençais à m'inquiéter, mon doudou ! lance Mamie à son fils Édouard.

— Maman ! Appelle-moi Édouard, je ne suis plus un enfant !

Mamie serre son grand fils contre elle et lui dépose plein de bisous dans les cheveux. Victorine a envie de rire. Son père se transforme en enfant lorsque Mamie est dans les alentours.

Mamie se décide enfin à libérer Édouard de ses petits bras. Elle se tourne alors vers Victorine et s'écrie :

— Mais qu'est-ce que c'est que cette horreur ?

Mamie vient de voir Grelot qui est quelque peu défraîchi par ses mésaventures.

— Mamie, je te présente Grelot, lance Victorine.

— Gling ! Gling ! Gling ! répond Grelot.

Cela signifie : «Je suis enchanté de vous rencontrer, madame Mamie ! »

Mamie fait un énorme câlin d'amour à sa petite-fille adorée, puis elle s'empare de l'oiseau déplumé.

— Grelot, tu dis ? Eh bien ! viens avec moi, mon drôle de moineau !

* * *

À l'heure du repas, la famille est installée dans le jardin. Tout est bon. Édouard a retrouvé son sourire, Marie a terminé ses mots croisés et Victorine s'empiffre de délicieux gâteaux. C'est vraiment la belle vie, chez Mamie.

La brise transporte un tintement incessant. Gling ! Gling ! Gling ! Sur la corde à linge, le pauvre Grelot, épinglé par les pieds, se balance au gré du vent.

Il se remet péniblement d'un séjour obligé dans la machine à laver. Mamie n'admet pas de moineau crotté dans sa maison. Victorine se tourne vers son ami.

— Ça va, mon oisillon ? lui demande-t-elle.

Gling ! Gling ! Gling !

— Au moins, madame Victorine, madame votre mamie a eu l'obligeance de m'éviter le supplice du sèche-linge !

Mamie adresse un clin d'œil complice à sa petite-fille.

— Mais c'est qu'il est très poli, ton moineau ! lui chuchote-t-elle.

Victorine sourit. Elle est vraiment merveilleuse, sa mamie. Elle comprend le langage des peluches, elle aussi. Enfin une adulte qui la prend au sérieux ! Ce n'est pas trop tôt !

Table des matières

Achevé d'imprimer en mai 2006
sur les presses de l'imprimerie Gauvin,
Gatineau, Québec